Theo von Taane

Angry Birds
Das Witzebuch

Zwischen Autor dieses Buches und den Machern von Angry Birds oder einer seiner Tochterunternehmen besteht keinerlei Verbindung. Dieses Buch ist durch Rovio oder eine seiner Tochterunternehmen weder genehmigt, noch unterstützt, und auch nicht mit diesen Parteien in irgendeiner Weise verbunden

----

Bibliografische Information der Deutschen Nationalbibliothek:
Die Deutsche Nationalbibliothek verzeichnet diese Publikation in der Deutschen Nationalbibliografie; detaillierte bibliografische
Daten sind im Internet über http://dnb.dnb.de abrufbar.

© 2016 Theo von Taane; 1. Auflage
Covergrafik © Theo von Taane

Herstellung und Verlag: BoD – Books on Demand, Norderstedt

ISBN: 9783739244853

Frage: Warum kann Terence niemals reich werden?

Antwort: Weil er für Vogelfutter arbeitet!

—

Frage: Warum können Schweine nicht gut tanzen?

Antwort: Weil sie zwei linke Füße haben!

—

Das große Schwein belehrend zum kleinen Schwein:
„Wenn dir ein Vogel auf den Kopf macht, sei nicht traurig. Freue dich

lieber, dass Hunde nicht fliegen können."

—

Frage: Wie nennt man die Angry Birds im Winter?

Antwort: Angry Brrr-ds!

—

Frage: Warum spricht Bomb nicht gern mit Mädchen?

Antwort: Weil er Angst hat, dass es zwischen ihnen funkt!

—

Frage: Was sagte das Alien Bird, als es auf einer Schweine Farm landete?

Antwort: „Bringt mich zu eurem Brüter!"

—

Treffen sich Red und Bomb.

Red sagt: „Piep!"

Darauf macht Bomb: „Wuff, wuff!"

Fragt Red: „Wieso bellst du?"

Antwortet Bomb: „Weil man heutzutage Fremdsprachen können muss."

—

Frage: Was haben Angry Birds und die Schweine gemeinsam?

Antwort: Beide haben Flügel, außer den Schweinen!

—

Frage: Warum trinken die Angry Birds keinen Alkohol?

Antwort: Weil sie Angst vor dem Kater haben!

[Doppelbedeutung von Kater (männliche Katze) und Kater (Unwohlsein nach zu viel Alkohol trinken)]

—

Sagt Helmschwein zum Schnurrbartschwein:

„Wusstest du schon, dass fünf von vier Schweinen nicht rechnen können?"

—

Frage: Warum ging Red in die Bücherei?

Antwort: Er hat nach Bücherwürmern gesucht.

—

Frage: Wie erklären die Schweine die Erschaffung des Universums?

Antwort: Sie glauben an die ‚Pig Bang Theorie'.

[Ähnlich klingende Wort: Die Big Bang Theorie erklärt die Entstehung des Weltalls mit einem Urknall. (Big Bang (englisch) = Großer Knall. Pig Bang (englisch) = Schwein Knall)]

—

Helmschwein spricht zu Königsschwein:

„Warum macht dieses kleine Schwein immer gack, gack gack?"

Antwortet Königsschwein: „Weil es glaubt, es sei ein Vogel."

Fragt Helmschwein: „Warum sagst du ihm nicht, dass er kein Vogel ist?"

Darauf Königsschwein: „Weil wir die Eier brauchen!"

-

Frage: Welche Seite eines Vogels hat die meisten Federn?

Antwort: Die Außenseite.

—

Frage: Was ist der Lieblingssport der Schweine?
Antwort: Schlammcatchen!

—

Frage: Was kommt nach dem Schwein?

Antwort: Sein Ringelschwänzchen.

—

Frage: Warum hat Terence ein Gen mehr als Schweine?

Antwort: Damit sich sein Schwanz nicht ringelt.

—

Kommt Matilda in den Laden und fragt:

„Haben sie große Eierkartons? Ich möchte mit meinen Kindern verreisen."

—

Frage: Wie viele Beine hat Königsschwein?

Antwort: Es hat acht Beine: zwei vorne, zwei hinten, zwei links und zwei rechts.

—

Kommt ein Mann mit Red auf dem Kopf in ein Krankenhaus. Fragt die Schwester ihn, was er für ein Problem hat. Da antwortet Red:

„Mir wächst ein Mensch aus dem Popo."

—

Red und Chuck gehen durch die Wüste und tragen ein Fenster. Da meint Chuck:

„Mir ist so heiß!"

Darauf Red:

„Dann mach doch das Fenster auf."

—

Treffen sich Chuck und Red am Bahnhof. Fragt Chuck:

„Mit welcher Bahn fährst du? Ich fahr mit der zwei."

Darauf Red:

„Ich mit der fünf.

Schau mal, die 25 ist gleich da!

Komm, lass uns zusammen fahren!"

—

Chuck und Matilda sitzen zusammen auf einem Ast und schauen zu wie eine Schildkröte immer und immer wieder versucht einen Baum hochzukriechen, was ihr nicht gelingt. Da meint Chuck:

„Ich glaube wir sollten ihr sagen, dass sie adoptiert wurde."

—

Sagt Hal zu Red: „Geh heute bloß nicht in den Zoo, ist viel zu gefährlich."

Fragt Red: „Wieso?"

Antwortet Hal: „Vor der Kasse gibt es eine riesen Schlange."

-

Red und Bubbles besuchen den Zoo. Bubbles sieht zum ersten Mal ein Zebra und sagt:

„Unerhört, es ist 16 Uhr und das Pferd da drüben ist immer noch im Schlafanzug."

-

Sagt Red zu Matilda: „Ich kann höher springen als der Eiffelturm."

Fragt Matilda: „Was? Wie denn das?"

Antwortet Red: „Na, jeder kann höher springen als der Eiffelturm, da der Eiffelturm nicht springen kann."

—

Chuck und Red unterhalten sich. Da meint Red:

„So, du meinst also es gibt keinen Gott. Und wer deiner Meinung nach macht dann immer die neuen Levels?"

—

Spricht ein kleines Schwein zum großen Schwein:

„Ist doch eh Wurst was aus uns wird."

—

Terence und Red unterhalten sich, da sagt Terence:
„Du warst doch gestern zusammen mit Jim, Jake und Jay im Kurs zum Vogelflug. Wie war es denn?"

Antwortet Red: „Gut, ich war der einzige der eine Frage beantworten konnte."

Fragt Terence: „Ist ja toll! Welche denn?"

Antwortet Red: „Wer hat gepupst?"

-

Spricht Bomb zu Red: „Du könntest mal wieder ein Bad vertragen!"

Antwortet Red: „Aber ich bade doch jeden Tag!"

Darauf wieder Bomb: „Dann wechsle doch mal das Wasser!"

—

Die Angry Birds möchten die Pläne der Schweine ausspionieren. Um sich unerkannt unter ihnen bewegen zu können tarnen sie sich mit großen Mänteln und Sonnenbrillen. Damit sie sich nicht durch ihre Namen verraten müssen sie sich Neue überlegen. Welche Tarnnamen soll welcher Angry Bird erhalten? Suche passende Namen aus der folgenden Liste:

Adam Sapfel, Addi Tion, Al Arm, Alf Abeth & Ann Alphabet, Ann Geber, Anna NAß, Axel Nässe, Ben Ehmen, Bernhard Iner, Bill Dung, Dick Erchen, Dick Tator, Dr. Acula, Ellen Bogen, Franz Ose, Hans A. Plast, Herr Kules,

Jack Pott, Lilly Putaner, Major Naise, Manne Quinn, Mario Nette, Milli Meter, N.U. Teller, Peter Silie, Pia Nist, Rainer Zufall, Rod Weiler, Roy Aal, Ted I. Bär, Theo Dorant, Thor Wart, Tom Bola, Wanda Düne.

—

Red fragt Terence: „Sag mal, hast du gepupst?"

Antwortet Terence: „Ja, Kleiner, oder denkst du vielleicht ich rieche immer so?"

—

Frage: Welche Art von Algebra mögen Eulen?

Antwort: Eulgebra.

Kommt ein Schnurrbartschwein in die Tierhandlung und sagt:

„Ich hätte gerne Vogelsamen."

Fragt der Verkäufer: „Wie viele Vögel haben sie denn?"

Antwortet das Schnurrbartschwein: „Keinen! Deshalb möchte ich mir ja ein paar wachsen lassen!"

Frage: Welcher Vogel kann das meiste Gewicht tragen?

Antwort: Der Kran-ich.

Red fragt Chuck: „Welches ist dein Lieblingstier?"

Antwortet Chuck: „Schwein...

aber tot, zerhackt, paniert, mit Pommes und Ketchup!"

-

Red spricht zu Stella: „Es stimmt doch gar nicht, dass ich einen von uns unfair behandle. Wer sollte es denn sein? Jake, Matilda oder vielleicht der fette Hässliche?"

-

Sagt Helmschwein zum kleinen Schwein:

„Sag mal, haben Zitronen eigentlich Flügel?"

Antwortet das kleine Schwein: „Nein, nicht dass ich wüsste."

Darauf Helmschwein: „Oh, dann habe ich wohl den gelben kleinen Vogel in den Tee gedrückt."

—

Sagt Red zu Chuck:

„Wusstest du, dass rote Vögel schlauer sind als gelbe?"

Antwortet Chuck: „Nein, das wusste ich nicht.

Darauf wieder Red: „Siehst du!"

—

Hal steht am Katschi und möchte endlich auf die Schweine geschossen werden. Red der die Abschüsse einteilt fragt:

„Und, wie heißt das Zauberwort mit zwei ‚t'?"

Darauf Hal: „Flott?"

-

Chuck steht am Katschi und fragt Red: „Möchtest du jetzt losgeschossen werden?"

Antwortet Red: „Nein"

Darauf Chuck: „Ok, dann frag **mich** jetzt."

-

Chuck hat es wieder eilig auf das Katschi zu kommen und bedrängt Red. Darauf Red:

„Ich werfe jetzt ein Geldstück hoch. Bei Kopf darf jemand anderes auf das Katschi und bei Zahl verlierst du."

—

Sagt Red zu Stella: „Was ist ca. 6cm lang, lila mit gelben Punkten und hat überall Haare?"

Antwortet Stella: „Keine Ahnung!"

Sagt wieder Red: „Das weiß ich auch nicht, aber es kriecht gerade an deinem Rücken hoch!"

—

Frage: Warum kommen die Schweine nicht in den Himmel?

Antwort: Weil sie nicht höher fliegen als sie springen können.

—

Red zu Bubbles: „Warum hat Helmschwein rote Augen?"

Antwortet Bubbles: „Weiß nicht!"

Darauf wieder Red: „Damit es sich besser in Kirschbäumen verstecken kann!"

Sagt Bubbles: „Ich habe noch nie ein Helmschwein in einem Kirschbaum gesehen!"

Antwortet Red: „Siehst du! Das ist weil sie sich so gut verstecken können!"

—

Sagt Red zu Chuck: „Was ist der Unterschied zwischen einem intelligenten Helmschwein und einem Yeti?"

Antwortet Chuck: „Weiß ich nicht!"

Darauf Red: „Der Yeti wurde schon mal gesehen."

Red fragt Jake: „Was hat Federn, kann aber nicht fliegen?"

Antwortet Jake: „Weiß ich nicht!"

Darauf Red: „Dein Kopfkissen!"

—

Chuck steht vor dem Katschi und weiß nicht ob er sich los schießen lassen soll und sagt: „Ich bin heute so unentschlossen."

Darauf Red: „Ja, stimmt als japanischer Krieger wärst du ein Nunja!"

—

Red zu Bomb auf die Frage warum er in letzter Zeit mit dem Katschi immer daneben trifft:

„Der Arzt hat bei mir eine südamerikanische Augenkrankheit festgestellt: Ich ‚Chile'."

[Ähnlich klingende Begriffe: Schielen (etwas doppelt sehen) und Chile (Land in Südamerika)]

—

Red fragt Hal: „Was sitzt auf einem Baum und macht ‚Aha'?"

Antwortet Hal: „Weiß ich nicht!"

Darauf Red: „Ein Uhu mit Sprachfehler!"

—

Frage: Was sagt Red wenn er im Käfig sitzt?

Antwort: „Ich bin ein Star, holt mich hier raus!"

—

Sagt Red: „Hey Terence, ich bekomme dich nicht aufs Foto, du bist zu groß!"

Fragt Terence: „Und wie bekomme ich jetzt mein Passfoto?"

Antwortet Red: „Mach dir doch dein Passfoto mit Google Earth!"

[Google Earth ist ein Computerprogramm mit dem man große Teile der Welt über Satellitenfotos sehen kann]

—

Frage: Wie lange schlägt ein toter Vogel mit den Flügeln?

Antwort: So lange, bis er im Himmel ist.

—

Frage: Wohin gehen Pinguine wenn sie tanzen wollen?

Antwort: Auf den Schneeball!

—

Frage: Warum sind Pinguine gute Rennfahrer?

Antwort: Weil sie sich immer in der Pole-Position befinden!

[Ähnlich klingende Worte: Pol (z.B. der Süd- oder Nordpol) und Pole-Position (vorderste Startposition bei einem Autorennen)]

—

Frage: Wie nennt man 50 Pinguine am Nordpol?

Antwort: Ziemlich verloren, weil Pinguine nur auf der südlichen Erdhalbkugel leben.

—

Frage: Wie lang sollten die Beine eines Schweins sein?

Antwort: Lang genug um den Boden zu erreichen!

—

Frage: Was für eine Zeit ist es, wenn Helmschwein auf dem Zaun sitzt?

Antwort: Zeit den Zaun zu reparieren!

—

Frage: Wieviel Uhr ist es, wenn zehn Schweine Red verfolgen?

Antwort: Zehn nach eins!

—

Die letzten Worte des erschöpften Vogels:
„Über die nächste Hochspannungsleitung schaffe ich es auch noch."

—

Zwei Vögel im Vogelkäfig. Fragt der eine:

„Wie fährt man dieses Ding?"

—

Ein verrückter Vogel zum anderen an der Vogeltränke:

„Komm, trink aus, wir gehen."

—

Sagt Stella zu Terence:

„Du bist schlank wie ein Kolibri, oder wie heißt das Tier mit dem grauen Rüssel?"

—

Matilda spricht zu Bubbles:

„Guck mal, ich habe eine harte Nase."

Darauf Bubbles: „Das ist dein Schnabel, du Ding!"

—

Frage: Wo treffen sich die Vögel um Kaffee zu trinken?

Antwort: Im Nest-Cafe.

[Nescafe ist eine Kaffeemarke, klingt aber so als wäre ein Cafe im Nest gemeint]

—

Helmschwein sagt: „Es wird ja gesagt, wenn ein Vogel direkt auf deinen Kopf macht wird man reich. Aber es sind mittlerweile drei Jahre vergangen wo Red mir auf den Kopf gemacht hat, und ich warte noch immer auf mein Geld!"

—

Red und Chuck sitzen auf einer Überlandleitung. Sagt Red:

„Schau mal, den Düsenjet dort."

Fragt Chuck:" Warum kann der denn so schnell fliegen und ich nicht?"

Antwortet Red: „Wenn dein Hintern so brennen würde, könntest du auch so schnell fliegen!"

-

Frage: Königsschwein hat endlich Red gefangen. Wie wird er ihn umbringen?

Antwort: Er schmeißt ihn aus dem Fenster!

-

Bomb und Matilda unterhalten sich. Bomb will angeben und sagt:

„Mein Vater ist ein Star-Fotograf!"

Darauf Matilda: „Ist das nicht ein bisschen langweilig immer nur den gleichen Vogel zu fotografieren?"

[Doppelbedeutung: Star (eine bestimmte Vogelart) und Star (eine berühmte Persönlichkeit wie z.B. ein bekannter Schauspieler oder Künstler)]

—

Red ist verärgert, da das Nest wieder einmal beschmutzt ist. Red spricht wütend zu Jim, Jake & Jay:

„Und schon wieder habt ihr ins Nest gemacht! Wann lernt ihr endlich immer ans Denkmal zu gehen, wenn ihr müsst!"

—

Red und Matilda treffen sich.

Sagt Matilda: „Komm lass uns ans Meer fliegen."

Fragt Red: „Wo treffen wir uns?"

Antwortet Matilda: „Du weißt schon, am Apfelbaum."

Darauf wieder Red: „Ok, du kannst schon vorfliegen, ich muss noch was erledigen."

Matilda ist schon zum Apfelbaum geflogen und wartet auf Red. Nach 5 Stunden ist auch er endlich da.

Fragt Matilda:
„Wo warst du denn so lange?"

Antwortet Red: Na ja, das Wetter ist so schön, da dachte ich, ich gehe lieber zu Fuß."

—

„Ich möchte dich ja nicht beleidigen, aber du sollst mal sehen wie anderswo gearbeitet wird!" sagt Red zu Matilda und holt ein großes Straußenei aus der Tasche.

—

Mächtiger Adler kreist suchend über den Behausungen der Schweine herum. Er schnappt sich ein kleines Schwein im Flug und schluckt es herunter. Plötzlich hört er eine Stimme aus seinem Bauch:

„Wie viele Meter fliegen wir noch?"

Darauf Mächtiger Adler: „500 Meter."

Dann ist erst mal Ruhe. Auf einmal hört man wieder eine Stimme:

"Wie hoch fliegen wir?"

Antwortet Mächtiger Adler: „50 Meter." Wieder ist für eine Weile Ruhe , dann ertönt wieder die Stimme:

„Wie hoch fliegen wir jetzt?"

Antwortet Mächtiger Adler: „900 Meter."

Darauf die Stimme:

„Dann bau jetzt ja keinen Scheiß!!!"

-

Ein kleines Schwein kommt zum Schnurrbartschwein und sagt voller

Stolz: „Schau mal ich habe einen sprechenden Vogel gefangen! Wenn du ihn am rechten Bein ziehst, dann sagt er ‚Guten Tag'. Und wenn du ihm am linken Bein ziehst, dann sagt er ‚Auf Wiedersehen'". Darauf das Schnurrbartschwein:

„Ist ja toll. Und was sagt er wenn man ihn an beiden Beinen zieht?"

Darauf der Vogel:

„Dann falle ich um, du Dummkopf!"

—

Eine schon etwas ältere Helmschweindame geht spazieren. Da entdeckt sie Bubbles auf einen Ast sitzend. Sie hält Bubbles für einen Papagei und sagt: „Na du bunter Vogel kannst du auch sprechen?"

Darauf Bubbles: „Na du alte Krähe kannst du auch fliegen?"

—

Red flattert an nichts Böses denkend so vor sich hin. Plötzlich entdeckt er einen Motorradfahrer der mit fast 200 Sachen direkt auf ihn zurast. Er versucht noch auszuweichen, kann eine Kollision aber nicht vermeiden.

Der Motorradfahrer bemerkt die Kollision, hält an und hebt aus Mitleid den ohnmächtigen Vogel auf und nimmt ihn zu sich nach Hause. Damit er genug Zeit bekommt sich wieder zu erholen, kauft der Motorradfahrer noch ein Käfig, stellt ein Schälchen mit Wasser hinein, platziert noch ein Stückchen Brot auf den Boden und legt den benommenen Red dann in den Käfig.

Am nächsten Tag erwacht Red, sieht die Stäbe an seinem Käfig, das Brot und das Wasser, schaut dann betroffen auf den Boden und sagt:

„Verdammt, ich habe den Motorradfahrer umgebracht."

-

Anruf bei der Polizei:

„Hilfe, hier bei Müllers! Es geht um Leben und Tod!! Jemand hat die Schweine freigelassen!"

Fragt die Polizei: „Ok, das habe ich verstanden, aber wer spricht dort bitte?"

Darauf der Anrufer: „Red, der Vogel des Hauses."

—

Das kleine Schwein zu Helmschwein:

„Wie alt ist eigentlich Königsschwein?"

Antwortet Helmschwein: „Keine Ahnung, aber es spricht oft von der Zeit als die McDonalds Bögen noch silbern waren."

—

Bubbles spricht zu Stella:

„Glaubst du eigentlich an ein Leben nach dem Level?"

—

Red und Matilda sitzen auf einem Ast, da sagt Red:

„Was ist eigentlich weiter weg, Amerika oder der Mond?"

Antwortet Matilda: „Amerika natürlich!"

Fragt Red: „Wie kommst du darauf?"

Antwortet Matilda: "Nachts kann ich den Mond sehen aber nicht Amerika."

—

Red und Jim nehmen gerade ein Bad in einer tiefen Pfütze, als es anfängt zu regnen. Da meint Red:

„Komm lass uns schnell untertauchen, sonst werden wir noch nass."

—

Matilda geht durch den Supermarkt, bleibt plötzlich wie angewurzelt in der Eier-Abteilung stehen und sagt: „Da gibt es doch tatsächlich 6 Eier für nur 1,20€. Und dafür soll ich mir meine Figur ruinieren?"

—

Zwei große Helmschweine stürzen sich auf ein unbewachtes Vogelei der Angry Birds. Da sagt das Ei:

„Lieber Gott mache aus diesen Bestien fromme Christen!"

Daraufhin stoppen die Schweine kurz vor dem Ei und beten:

„Komm Herr Jesus, sei unser Gast und segne, was du uns bescheret hast."

—

Red zu Chuck: „Ich fand jemand ganz tolles in einem Chatroom... und dann habe ich herausgefunden, dass es ein Schwein ist."

[Chatroom: Bereich im Internet in welchem man sich in Echtzeit gegenseitig Nachrichten schreiben kann]

—

Frage: Was hat 12 Beine, 6 Augen, 3 Schwänze und kann nicht sehen?

Antwort: Drei blinde Schweine.

—

Frage: Woher weißt du dass Terence in deinem Kühlschrank war?

Antwort: An den Fußspuren in deiner Butter.

—

Frage: Was machen die Angry Birds an sonnigen Tagen am liebsten?

Antwort: Sie machen Pick-nicks

—

Sagt Red zu Helmschwein: „Weißt du wie man Schweine neugierig macht?"

Antwortet Helmschwein: „Nein."

Darauf wieder Red: „Sag ich dir morgen."

Frage: Was sagte Chuck, als er eine Fliege in seiner Suppe fand?

Antwort: Lecker!

-

Frage: Wie lässt man ein Ei 6 Meter fallen ohne dass es zerbricht?

Antwort: Lass es aus sieben Meter fallen.

-

Frage: Welches ist das schlauste Schwein der Welt?

Antwort: Ein-Schwein.

[Ähnlich klingend zum Namen Albert Einstein (sehr berühmter Wissenschaftler, Erfinder der Relativitätstheorie, gestorben 1955)]

—

Frage: Was sagt der eine Käfer zum anderen, als sie einen Angry Bird über sich fliegen sehen?

Antwort: Also, du wirst mich nie in ein solches Ding einsteigen sehen!

—

Frage: Was ist klein, hat große Glubschaugen und eine hell-lila Farbe?

Antwort: Ein kleines Schwein, das die Luft anhält.

—

Zwei Schweine sitzen zusammen. Sagt das eine: „Oink!". Sagt das andere: „Wollte ich auch gerade sagen."

—

Frage: Wer versammelte 1000 Schweine um einen Hügel?

Antwort: Der Schweinepriester.

—

Schweine sind so dumm. Sie können nicht erraten welchen Weg ein Fahrstuhl nimmt, wenn du ihnen zwei Versuche gibst.

—

Schweine sind so dumm. Sie versuchen die Vögel von der Klippe zu werfen.

—

Ein kleines Schwein spricht zu Helmschwein:

„Kannst du mir einen sprechenden Angry Birds Vogel einfangen?"

Antwortet das Helmschwein: „Nein, kann ich nicht. Aber ich könnte dir stattdessen einen Specht besorgen."

Darauf wieder das kleine Schwein: „Wie, kann der denn sprechen?"

Antwortet das Helmschwein: „Nein, aber morsen."

[Beim Morsen werden Nachrichten mit Klopfzeichen übertragen]

—

Schweine sind so dumm, sie kaufen sich solarbetriebene Fackeln!

—

Frage: Warum hat Helmschwein seine Freundin ins Gefängnis gesteckt?

Antwort: Weil sie sein Herz gestohlen hatte.

—

Frage: Welches ist das glücklichste Angry Bird?

Antwort: Der Letzte in der Warteschlange beim Katschi.

—

Frage: Wann erst fangen die Schweine Schneeflocken mit ihrem Mund auf?

Antwort: Wenn die Vögel in den Süden geflogen sind.

—

Frage: Was schenkt man Terence zum Geburtstag?

Antwort: Keine Ahnung, aber sieh besser zu dass es ihm gefällt!

—

Red spricht zu Stella: „Also immer wenn ich den Geburtstagskuchen esse, wird mir ganz warm ums Herz."

Antwortet Stella: "Dann esse das nächste Mal nicht die Kerzen mit."

—

Red fragt Matilda: „Wann ist dein Geburtstag?"

Antwortet Matilda: „Am 12. Januar."

Fragt wieder Red: „Welches Jahr?"

Antwortet Matilda: „Jedes Jahr!"

—

Frage: Warum hat Königsschwein ein Loch in seinem Regenschirm?

Antwort: Damit er den anderen Schweinen sagen kann, wann es aufgehört hat zu regnen.

—

Eines Tages kommt Chuck mit einem Helmschwein an der Leine zu Red und sagt:

„Schau mal was ich mitgebracht habe, ein gezähmtes Schwein. Und weil du mit deinem verstauchten Flügel nicht fliegen kannst, schenke ich es dir als Abwechslung. Aber eine Sache darfst du nie machen!"

Fragt Red: „Und welche?"

Antwortet Chuck: „Du darfst niemals, unter keinen Umständen seine Nase berühren!"

Ok, denkt sich Red und nimmt das Helmschwein. Nach einer Weile wird Red aber so neugierig, dass er es nicht mehr aushält und das Schwein trotz der Warnung an seiner Nase berührt.

Plötzlich reißt sich das Schwein mit einem gewaltigen Ruck von der Leine los, stemmt sich auf seine Hinterbeine, grunzt ganz fürchterlich und fängt an Red laut schnaufend zu verfolgen. Schließlich passiert, was passieren muss. Das Schwein hat Red eingeholt. Dann stupst es Red sanft mit seiner Pfote an und sagt:

„Hab dich, du bist dran!"

—

Frage: Warum fliegen die Angry Birds nicht zum neunen Restaurant auf dem Mond?

Antwort: Das Essen ist gut, aber es fehlt die Atmosphäre.

—

Frage: Wie sagt man Helmschwein rückwärts?

Antwort: ‚Helmschwein rückwärts'

—

Frage: Warum saß Mächtiger Adler auf dem Computer?

Antwort: Um die Maus im Auge zu behalten!

—

Treffen sich Red und Chuck in der Wüste, sagt Red verwundert:

„Schau dir doch nur diese Massen an versteinerten Samenkörner an, das muss in der Vorzeit mal ein ganz tolles Paradies für Vögel gewesen sein!"

—

Frage: Wie grüßt Königsschwein das Alien-Schwein mit zwei Köpfen?

Antwort: „Hallo, hallo!"

—

Frage: Warum geben die Schweine den Angry Birds heißes Wasser zu trinken?

Antwort: Sie denken, dass die Angry Birds dann gekochte Eier legen.

—

Terence zu Red:

„Also, wenn man dich halbe Portion so sieht, könnte man glatt glauben eine Hungersnot wäre ausgebrochen. Darauf Red: „Und wenn man dich so ansieht, könnte man meinen, du wärst Schuld daran."

-

Frage: Was macht „Knio Knio"?

Antwort: Ein Schwein das rückwärts läuft.

-

Frage: Wie nehmen Schweine ein Bad?

Antwort: Jährlich!

Ende

Weitere Bücher von Theo von Taane:

Titel	ISBN
Minecraft Witzebuch	9783738612332
Minecraft Witzebuch 2	9783739211206
Minecraft Witzebuch 3	9783739211305
Minecraft Witzebuch 4	9783739222394
Minecraft Rätselbuch	9783739218267
Minecraft Mathe Ausmalbuch	9783739229744
Minecraft Notizbuch	9783738628852
Minecraft Offline Games	9783738647204
Minecraft Passwort Logbuch	9783739222240
Tennis - ewiger Kalender	9783734741289
Tennis Witze Knallbonbons	9783732296490
Witze rund um Tischtennis	9783734731648
Witze rund um Eishockey	9783734730716
Witze rund um Handball	9783734731690
Witze rund um Golf	9783734731704
Witze rund um Fußball	9783734731712
Witze rund um Judo	9783734731674
Witze rund um Karate	9783734731666
Witze rund um Volleyball	9783734731801

Titel	ISBN
Weltbeste Tennisspielerin	9783738610055
Weltbester Angler	9783738610062
Weltbester Bauarbeiter	9783738610079
Weltbester Eishockeyspieler	9783738610086
Weltbester Gärtner	9783738610093
Weltbester Golfer	9783738610109
Weltbester Jäger	9783738610116
Weltbester Judokämpfer	9783738610123
Weltbester Karatekämpfer	9783738610130
Weltbester Kraftsportler	9783738610147
Weltbester Läufer	9783738610154
Weltbester Radfahrer	9783738610161
Weltbester Inline Skater	9783738610178
Weltbester Skifahrer	9783738610185
Weltbester Snowboarder	9783738610192
Weltbester Sportler	9783738610208
Weltbester Surfer	9783738610215
Weltbester Taucher	9783738610222
Weltbester Tennisspieler	9783738610239

Von Theo von Taane gibt es mehr als 200 Witzebücher, Spiele, Kalender, Notizbücher, Tools etc. als hier aufgeführt sind. Einfach mal im Store nach ‚von Taane' suchen.

Viel Spaß!